LE CARILLON

DES

CHASSEURS

de Boisdauphin, de Vauguion
de Malpaire, de Pincé
de la Chapelle-Rainsoin, de Bellebranche
et de la Jupellière.

FAIT AU CHATEAU DE LA JUPELLIÈRE
pendant la neige de janvier 1856

PAR

LE MARQUIS DE C....

ANGERS
IMP. GERMAIN ET G. GRASSIN, RUE SAINT-LAUD
1881

LE CARILLON

DES

CHASSEURS

de Boisdauphin, de Vauguion
de Malpaire, de Pincé
de la Chapelle-Rainsoin, de Bellebranche
et de la Jupellière.

FAIT AU CHATEAU DE LA JUPELLIÈRE
pendant la neige de janvier 1856

PAR

LE MARQUIS DE C....

ANGERS
IMP. GERMAIN ET G. GRASSIN, RUE SAINT-LAUD
1881

LE CARILLON
DES
CHASSEURS

PREMIER COUPLET

Non loin de Pincé, de Malpert (*bis*)
Est un équipage fort expert : (*bis*)
Ardent, vif, léger, mais fort sage,
Voyez comme il se dégage,
Faisant un charmant carillon,
Dig, dig, dig, dig, don, don.

DEUXIÈME COUPLET

Qui l'a formé, qui l'a créé ? (*bis*)
Ce sont les frères de Rougé, (*bis*)
Adolphe faisant grand tapage
Sonne par derrière avec rage.
Il crie, il fait grand carillon,
Dig, dig, dig, dig, don, don.

TROISIÈME COUPLET

Emmanuel, très adroit veneur, (*bis*)
Chasse avec finesse et vigueur ; (*bis*)
Voyez-le piquant sans relâche
Stimuler l'ardeur des plus lâches,
Il fait un rude carillon,
Dig, dig, dig, dig, don, don.

QUATRIÈME COUPLET

Bonabes est rieur et badin, (*bis*)
Quelquefois même un peu mutin. (*bis*)
Devenu chasseur intrépide
Il monte un cheval sec, mais rapide,
Léger comme un vrai papillon,
Dig, dig, dig, dig, don, don.

CINQUIÈME COUPLET

Camille est jeune mais prudent (*bis*)
Il est déjà chasseur vraiment. (*bis*)
Plein d'ardeur, il pique sans cesse,
Dans les défaites n'a point de paresse,
Il nous fait un beau carillon,
Dig, dig, dig, dig, don, don.

SIXIÈME COUPLET

Nos frères ont de joyeux amis (*bis*)
A leurs succès toujours unis, (*bis*)
Pleins d'ardeur, de persévérance,
Déjà remplis d'expérience,
Tous aiment le gai carillon,
Dig, dig, dig, dig, don, don.

SEPTIÈME COUPLET

En tête est Félix de Vauguion (*bis*)
Bien campé sur son papillon, (*bis*)
Il franchit fossés et barrières,
Ne reste jamais par derrière ;
Il fait un drôle de carillon,
Dig, dig, dig, dig, don, don.

HUITIÈME COUPLET

Stany, son frère, hardi marin (bis)
Le suit partout à fond de train. (bis)
Dans les combats, plein de vaillance,
En chasse gaiement il s'élance
Faisant un pareil carillon,
Dig, dig, dig, dig, don, don.

NEUVIÈME COUPLET

Hébert est toujours alarmé (bis)
Et fort souvent découragé. (bis)
Chaque nuit, il rêve à la bise,
En chasse il ne voit que méprises.
Courage, mon ami, allons donc !
Dig, dig, dig, dig, don, don.

DIXIÈME COUPLET

La Suze est gai, svelte et gaillard (*bis*)
Bien souvent, il est en retard. (*bis*)
Bon garçon, ardent, intrépide,
En chasse, il est des plus rapides,
Sans cesse il fait du carillon,
Dig, dig, dig, dig, don, don.

ONZIÈME COUPLET

Beauvais connaît tous les chemins, (*bis*)
Pour un chevreuil prend un lapin, (*bis*)
Il suit la chasse par derrière,
Quitte et s'en va voir la meunière.
Beauvais, d'où viens-tu mon fiston ?
Dig, dig, dig, dig, don, don.

DOUZIÈME COUPLET

De Certaines est un bon enfant, (*bis*)
Il suit, galoppe et sonne fort. (*bis*)
Nous l'avons vu à Bellebranche
Courant dans l'eau jusqu'aux hanches
Tous à l'envie nous l'admirions,
Dig, dig, dig, dig, don, don.

TREIZIÈME COUPLET

Après tous nos jeunes amis (*bis*)
Vient un veneur déjà fort gris, (*bis*)
Tous le nomment le *Capitaine*,
Il crie, il court à perdre haleine,
Faisant souvent grand carillon,
Dig, dig, dig, dig, don, don.

QUATORZIÈME COUPLET

N'oublions pas un tendre enfant, (*bis*)
Vif et gentil, toujours riant, (*bis*)
Son coursier aux longues oreilles,
Saute, galoppe, c'est merveille,
Magnifique est son carillon,
Dig, dig, dig, dig, don, don.

QUINZIÈME COUPLET

Écoute à Fellah, à Grisi (*bis*)
Elles ont lancé dans le taillis (*bis*)
Pleines de feu, d'intelligence,
Suivons-les tous en confiance,
Elles font un charmant carillon,
Dig, dig, dig, dig, don, don.

SEIZIÈME COUPLET

J'entends déjà sur le coteau (*bis*)
Sonner la vue, c'est Mesangeau. (*bis*)
De bien près la bête est suivie,
Quelle ravissante harmonie.
Oh! l'admirable carillon,
Dig, dig, dig, dig, don, don.

DIX-SEPTIÈME COUPLET

Le temps est beau, tout ira bien, (*bis*)
Chiens et chevaux sont pleins d'entrain (*bis*)
Le chevreuil fait ruses sur ruses ;
Pauvre animal comme il s'abuse,
Nos chasseurs les devineront,
Dig, dig, dig, dig, don, don.

DIX-HUITIÈME COUPLET

Norma, l'entendez-vous là-bas (*bis*)
Sur le change, elle ne donne pas. (*bis*)
Enlevons nos chiens en confiance,
Mais cependant de la prudence,
Faisons bien peu de carillon,
Dig, dig, dig, dig, don, don.

DIX-NEUVIÈME COUPLET

Bravo, nos chiens sont ralliés, (*bis*)
Ils percent tous loin des fourrés. (*bis*)
Dans les champs le brocard débuche,
Voyez déjà comme il trébuche.
Au galop, mes amis, courons,
Dig, dig, dig, dig, don, don.

VINGTIÈME COUPLET

Voyez marcher vite et grand train (*bis*)
Panchèvre, Gaubert, tout près des chiens (*bis*)
Poirier les suit plein d'espérance,
Du forcé le moment s'avance,
Tous crient et font grand carillon,
Dig, dig, dig, dig, don, don.

VINGT-UNIÈME COUPLET

Hallali, hallali, venez, (*bis*)
Tous nos chasseurs, vous les verrez, (*bis*)
Le chevreuil, malgré des défaites,
Est pris, de tous la joie est complète,
On fait le plus gai carillon,
Dig, dig, dig, dig, don, don.

VINGT-DEUXIÈME COUPLET

Heureux qui connait mes amis, (*bis*)
Ils sont aimables, gais, polis, (*bis*)
Avec eux jamais de querelles
Et toujours leurs chasses sont belles,
Bien joyeux est leur carillon,
Dig, dig, dig, dig, don, don.

Angers, imp. Germain et G. Grassin. — 643-81.

www.ingramcontent.com/pod-product-compliance
Lightning Source LLC
Chambersburg PA
CBHW070430080426
42450CB00030B/2391